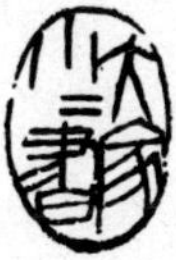

大家小小书
篆刻　程方平

中国历史小丛书

新编历史小丛书

新编历史小丛书

中日战争

邵循正 著

北 京 出 版 集 团
北京人民出版社

谈甲午海战

吴 晗

甲午战争是中国近代对外战争史上重要的转折点，这一仗日本打败了清朝，北洋海军全军覆没，清朝政府委曲求和，忍辱割地赔款，订立不平等条约，将已经走向没落腐朽的清朝统治，推向悬崖的边沿。同时，也因为这一不光彩的败仗、一连串的屈辱，激发了全国各阶层人民同仇敌忾，看清楚了清朝统治者的真实面貌，知道非用自己的力量来保家卫国不可，非用自己的力量来反抗侵略不可，高举反对帝国主义的大旗，敢于斗争，进一步敢于革命，从而改变了中国历史的面貌。

这一仗是腐朽的垂死的封建主义和新兴的资本主义国家间的战争，清朝政府的失败是必然的。但是，应该着重指出，军事上的失败是次要的，主要的是政治。

首先是清朝政府的失败主义，注定了战争的结局。清军统帅李鸿章从一开头便不敢抗争，不惜牺牲一切来换取和平。当敌人着着备战，引起战火，甚至在击沉清政府的运兵船“高升号”以后，李鸿章始终采取避战方针，幻想通过俄、英、法、美等国的斡旋，出卖中国人民的利益，求得暂时的妥协。事实是你愈退让，敌人便愈疯狂，你越不敢打，敌人便越要打，以退让、出卖国家主权来换取屈辱的妥协，结果是甲午战争的完全失败。

更有讽刺意义的是海陆军统帅主和，手无寸铁的文人却坚决主战。以翁同龢为首的一批清谈家和傀儡皇帝极力主战，他们没有实权，不懂军事，却大嚷大叫，制造了强烈的舆论，可是在实际行动上却拿不出一点办法来，更谈不到和人民联结在一起了。这样，统治集团内部就形成两派，翁同龢和皇帝这派主战，李鸿章和慈禧太后这派主和，吵个不休。在两派的混吵中，敌人却全国一致，全力进攻。清朝政府呢？一面向各国哀求斡旋，一面被动挨打，因为正在不惜牺牲一切祈求和平，也就没有认真备战，也正因为没有认真备战，就不能不接连打败仗，这样，连屈辱的妥协也哀求不到了。政治的腐烂，决定了战争是非失败不可的。

以这次著名的海战为例，事实也正是这样。

中日两国海军的实力，李鸿章是清楚知道的，他在光绪二十年（1894）七月二十（阴历）报告清朝政府：

> 查北洋海军可用者只镇远、定远铁甲船二艘，为倭船所不及。然质重行缓。吃水过深，不能入海汊内港。次则济远、经远、来远三船，有水线甲、穹甲

而行驶不速。致远、靖远二船，前定造时号称一点钟十八海里，近因行用日久，仅十五六海里。此外各船愈旧愈缓。海上交战，能否趋避，应以船行之速迟为准，速率快者，胜则易于追逐，败亦便于引避。若迟速悬殊，则利钝立判，西洋各大国讲求船政，以铁甲为主，必以极快船只为辅，胥是道也。

详考各国刊行海军册籍，内载日本新旧快船推为可用者共二十一艘，中有九艘自光绪十五年后分年购造，最快者每点钟行二十三海里，次亦二十海里上下。我船订购在先，当时西人船

> 机之学尚未精造至此，仅每点钟行十五至十八海里，已为极速，今则二十余海里矣。
>
> 近年部议停购船械，自光绪十四年后，我军未增一船。……倭人心计谲深，乘我力难添购之际，逐年增益。

战舰的吨位和航行速度，决定海军的作战力量。北洋海军只有两条大铁甲舰，却船老行迟；日本呢，主力舰吨位虽小，却船新行速。更重要的是清朝从光绪十四年以后未添一船，日本却从光绪九年以后逐年添造，白白给日本以六年时间，走到前面，这不是单纯的军事问题，而是政治问题。

其次是速射炮的出现。《晨园漫录》指出：

> 我各军舰之购置，其最新者亦距开战十二三年。其时军舰之舣装大抵专注重舰首之重炮，而于两舷侧之速射炮，则不甚加意。试一检查各舰之炮位表可以知之矣。其后速射炮日益发达，我各舰依然仍旧，未曾加以改造。

李鸿章知道不知道这情况呢？他是知道的，并且专写报告要求添装，但是政府决策是“停购船械”，实现不了。可见这也不是单纯的军事问题，而是政治问题。

主力舰舰首的重炮比敌人的威力大，在战时是可以发生作用的。但是到临战时重炮的炮弹一共只有三枚，英人泰莱亲身参加了这次海战，他在《甲午中日海战见闻记》中说：

> 在旅顺查看军械清单，得知一可悲之事实，战舰中十寸口径之大弹，只有三枚。其练习用之小弹亦奇绌。惟其他诸舰，弹储尚足。

他立刻向李鸿章提意见，要求补充。结果负责后勤的官员答复，此种炮弹不能制造。这个官员是谁呢？李鸿章的亲戚张士珩，这难道不是政治而是军事问题？泰莱明确地指出：“盖腐败，中饱，及援结私亲诸症，使其手下各组织无复完肤者，其病源皆在鸿章自身，而彼之染此诸症，且视寻常中国官吏为甚。”事后，他总结说：“是故中国舰队，就重炮及铁甲而论，至少与日本相埒，炮术甚精。训练虽稍有遗憾，惟水兵可称善战。极严重之事因厥为子弹之缺乏。此缺乏也，吾人有理由可信其咎非仅在疏忽，而在其工厂总办之通敌卖国。”其实，更确切地说应该是，“其病源皆在清朝政府自身”，李鸿章不过是代表人物之一而已。

海战发生在1894年9月17日。

据泰莱的观察，海军战士的士气

很高："呈欣欣之色者，大率为水手。彼等举动活泼机敏，以种种方式装饰其炮座，若不胜其爱护者，其响望之情盎然可觉。"又说："惟水兵可称善战。"

提督丁汝昌是陆军出身，战事由海军总兵刘步蟾指挥。刘步蟾是海军中公认"怯懦已素著"的胆小鬼。

发现日舰后，刘步蟾发出信号，改变丁汝昌和将领们一致决定的分段纵列式，两主力舰居前的战斗序列，改为诸舰相并横列，以主力舰居中的横阵。这样，敌舰炮火就会集中两翼的弱舰，不致集中到刘步蟾指挥的旗舰了。他本人比较安全了，可是北洋海军的命运也就由这一个怕死的指挥官改变阵势而决定了。他是知道这两种不同战斗序列的意义的，为了个人的安全而牺牲全军，这不只是军事上的严重错误，而且是政治上的严重错误。

交战后，北洋舰队凌乱呈半月形，仅有的三个重炮弹，有一弹射入日舰松岛之腹内。“北洋士兵均狞厉振奋，毫无恐惧之态”。致远舰经过激战，炮弹打完了，管带邓世昌开足马力去撞日舰吉野，被日舰鱼雷击中牺牲，和敌人同归于尽。超勇等四舰亦被击沉；济远船见致远舰沉没，管带方伯谦先逃，撞沉另一战舰，剩下的残舰也先后驶出阵地逃避，这场不光彩的海战就此结束了。

电影《甲午风云》中的正面人物

是邓世昌、李士茂和王国成，反面人物是方伯谦和李鸿章，都是符合历史实际的。当时虽然有人为方伯谦被军法处死而鸣不平，写了一本《冤海述闻》的书，但这是不可信的，没有根据的。书中说日海军击沉“高升号”时，济远发炮打伤日船有功，其实，方伯谦一见日船就害怕，赶忙挂白旗，日舰不理，他又挂日本旗，又不理，就赶忙逃走，只是由于士兵英勇，李士茂、王国成等违令发炮，才能打伤日舰。就方伯谦两次临阵脱逃而论，他的死是千该万该的。

这次海战失败的教训是，第一，和平不可能是祈求得来的，也不可能是从任何国际活动或会议得来的，祈求和妥协只能招致屈辱和失败。第二，侵略战争既然强加于人，那么反侵略战争就是不可避免的。当敌人着着进攻，战争怎么有可能单方面避免呢？相反，只有团结一致，被侵略者奋起抗战，沉重打击侵略者才能保国卫民，取得胜利。第三，战争是政治的继续，也是政治表现的形式，甲午战争的失败，主要不是军事上的，而是政治的腐烂和内部的不团结。第四，只有敢于斗争，敢于革命，敢于胜利的人民，才有可能阻止战争的爆发，也才有可能在战争中取得胜利，保障和平的事业。

最后，还要插一句话，清朝政府从光绪十四年起就决定不再添买军舰和武器了，那么，海军经费用到什么地方去了呢？《晨园漫录》指出了这笔钱的去路："拨其经费，作为建造颐和园之用！"

1963年6月27日

（原载1963年7月19日《北京晚报》）

目　　录

中日战争的背景

前两次的报告：鸦片战争和太平天国（一八四〇—一八六四），所讲的是中国近代史的第一时期的历史。从一八六五年到中日战争结束（一八九五）是中国近代史的第二时期。因此在谈中日战争之前，要先回顾一下这一时期的历史，特别是中日战争直接相关的一些问题。

我们回顾一下从一八六四年以后的三十年，中国半殖民地半封建社会和政治逐步形成，外国资本主义把中国变为商品市场，侵略势力在中国逐渐建立半殖民地的统治秩序。他们从政治上、经济上、军事上控制着中国封建统治势力而使之逐渐买办化。

在这个时期，资本主义国家的侵略势力向中国内地深入。因此，他们不但注意控制清朝中央政府，同时还分别控制地方的封建反动势力，主要就是那些新兴的淮系和湘系的军阀。我们这里着重谈一下以李鸿章为首的淮系军阀，以及北洋海陆军的买办化。这是我们了解中日战争所以失败的主要关键。

从太平天国末年以来，淮系的势力逐渐超过湘系，变成清政府更重要的工具。淮系一开头就和英、美（特别是英国）侵略势力密切联系，因此他们买办化程度比湘系更深。湘系头子曾国藩到一八七〇年逐渐失势了，他所搞的洋务也没有李鸿章多。另一首领左宗棠（湘系）最先勾结法国侵略者进攻太平天国，接着又依靠法国在福州马尾办造船厂。但是，法国资本主义在华势力远不及英国，而且左宗棠后来有一个很长时期处在西北，和外国侵略势力的关系渐远。在西北，他和德国的军火商人、技术人员发生联系，但他的买办化程度不及李鸿章。正为着这个原因，左宗棠在一些方面确比李鸿章强。如他在西北毅然进攻英国所支持的、残酷地压迫新疆各族人民的阿古柏反动侵略势力。又如在中法战争中他力主抵抗，而买办化日深的大军阀李鸿章则坚持妥协投降。

李鸿章的买办化程度之所以特别深，主要是因为他在太平天国后期到了上海，直接接触上海的买办商人势力，和他们密切联络。前此在五十年代的末期，这些买办商人就企图做勾结内外反动势力的桥梁，但因条件未成熟没能成功。李鸿章一到就成了他们有力的代言人。江南成为淮系的发源地，李鸿章就在这里开始了他的洋务事业。李鸿章先后提出了“自强”和“求富”的口号。其实他的所谓“自强求富”和后来袁世凯的“筹饷练兵”实质上并无二致，是军阀为了逐步扩张自己的势力而进行的勾当，是反人民的，也就是替侵略者服务的勾当。洋务事业就是借用外国资本主义的技术来巩固封建统治，并使封建统治本身买办化以适合于帝国主义半殖民地的统治秩序。当然，像他们所办的这些招商局、开矿、电报……就这些事业本身来说，都是应该举办的，但当时洋务派举办这些事业是为上述的目的服务的，而不是要使中国走向富强。

这些事业，洋务派官僚军阀都认为是私产。李鸿章从六十年代初年就已经办了这些洋务。他在苏州设立了三个炮局，其中主要的一个是英国人马格里给他办的，攻下南京（太平天国南京陷落）以后迁南京改名为金陵机器局。另外有一个炮局，在丁日昌（和曾国藩、李鸿章都有关系的买办官僚）的主持下后迁到上海改名为江南制造局。李鸿章认为这些东西都是属于他的。所以一八六五年清政府调他去河南打捻军，他舍不得离开，在一篇奏章《覆陈进军河洛折》中说，这些新军和局、厂都是他一手办起来的。局、厂是淮军的命脉，不能拱手让人。所以，尽管以后李鸿章被调到别处去，他对江南的洋务事业仍然保持着一定的利益。

一八七〇年，李鸿章移督北洋。他另起炉灶，又搞了一套，主要是天津机器局，然后在“求富”的名义下，又办招商局、开平（后来的开滦）煤矿和电报局，这时他一方面搞军需工业，一方面借“自强”的名义来扩充自己的力量。他主要利用了英国侵略势力系统的买办，像唐廷枢（景星）先替他办招商局又为他办煤矿，徐润给他办招商局，这两个人都是英商洋行的买办；郑观应给他办纱厂，他也是英商洋行的买办。李鸿章在掌握了这些企业以后，势力已经大为扩张，他的利益不限于北洋而一直达到长江流域。

李鸿章除了掌握这些“洋务”工业以外，又办了北洋海陆军并布置北方沿海防务。他先是依靠英国的势力。但是，从七十年代起淮系逐渐卷入了英德的竞争中。因为在这个时期，德国资本主义发展得很快，在中国的势力迅速扩张，中国成为德国军火业的市场。这样，德国就和英国展开了激烈的竞争。当时，美国侵略者也曾想控制中国海军，早在一八八〇年美国公使馆曾经介绍前任总统格兰忒的一个亲戚来中国练北洋海军，但是没有成功，美国就转而支持英国。英国的公使威妥玛曾经提出，中国的海陆军只能交给一个国家去办，假如落在别人的手里，英国的利益就要受损。这就等于要求由英国单独来掌握中国的军队。英国当然不愿意这些军队获得真正的发展，希望这些军队只能镇压中国的人民，而不能抵御外来的侵略。一八八〇年，前“常胜军”英国将领戈登给香港总督的一封信中就曾说过：假如中国有了真正的武装力量，就不会听我们的话，鸦片贸易就得停止了。

事实上从一八七六年起，一个德国人德璀琳，做了李鸿章的主要顾问，

德国侵略势力就已经通过他支配了李鸿章。另一方面英国人马格里制造军火的敷衍塞责，使李鸿章对英国失去了信任，转而信任德国克虏伯的军火。从那时起，德国的力量就完全渗透到淮系军阀势力中来。一八八〇年，德国将官汉纳根到中国搞炮台、修船坞，在旅顺、大连、威海卫三处修筑了炮台，一直搞了十年，之后因和李鸿章意见不合，在一八九〇年就暂时离开了中国，甲午之战时又回来了。可是英国人也并不放松，八十年代和九十年代初年英德两国军火商（阿姆斯脱郎和克虏伯）在中国竞争，达到了剧烈的程度。

在中法战争以前，北洋海军的船是英德各半，炮火部分都是买德国的，海军将官们大部分是英国人，陆军将领由德国侵略势力控制。中法战争开始，英国统率北洋海军的主将因受英国中立法规的限制离去了，就由一个德国的将官式百龄继任，德国在北洋的势力也就增加了。中法战争以前，北洋海军船较少，力量也不大，中法战争以后有了增加。清政府在北京设立海军衙门，虽然有醇王、庆王两人主持，实际上这机关成为李鸿章和自英国回国的湘系代表曾纪泽对打的场所。英德侵略势力之争，在这里也就通过李曾二人而激烈地展开。最后清政府做公证人，决定英德平分秋色。

这样严重买办化的海陆军当然不可能成为真正的国防力量。英国人琅威理做北洋海军总教习好几年，他和丁汝昌关系搞得很好，维持自己的地位。但是，事实上他也并不是为了帮助中国练海军而来的。甲午战争前几年他回国到处吹嘘中国海军如何如何的好，事实上只是替自己，也就是替侵略者掩饰。

所以在甲午战争以前，中国的新海军就这样受英德资本主义的控制。甲午战争爆发以后，德国将领汉纳根回到中国，他声言以私人资格来中国并为私事赴朝鲜，但在其乘“高升号”赴朝鲜时被日军击沉，汉纳根获救后回中国又入北洋海军，和丁汝昌共掌大权，其地位远在其他英国将领之上。德国侵略势力在北洋海军中遂又高涨。

北洋陆军主要也是由德国军官来

培养的。英国人说这些部队“鸭子步”（德国式操练正步走）走得很好，就是不能打仗。实际上当时支配北洋海陆军的是德璀琳，英国人说“他自命为俾斯麦，可惜他不照一照镜子”。

这些情况就说明了洋务派的买办性，也就清楚说明了所谓“洋务运动”的实质。买办军阀没有可能办出真正有用的海陆军，至于挪军费修颐和园，还是比较次要的事情。

同时，在这个时期，洋务派包办新兴工业，排斥民间资本，和封建势力勾结来压迫民间的资本，阻碍了中国资本主义的真正发展，使中国加紧半殖民地化。这样中国和当时的日本就走着完全相反的路子，因而中国在军事上的竞赛就必然落在日本之后。这是所要谈的第一个问题。

现在来讲第二个问题：统治阶级内部的分化。

太平天国末年，北京清朝统治集团中由叶赫那拉氏（慈禧太后）掌握政权。同时出现了以恭亲王奕䜣为首的清廷中的洋务派，和清廷中的顽固派对立着。一八六五年太平天国运动结束后，慈禧太后对恭亲王一度加以打击，但是，大致上说，在一八六一——一八八四年这个时期内，主要还是恭亲王的势力，他在外是与李鸿章合作的。

在这个时期内，封建官僚分化成若干派系，最先（同治末年）是沈桂芬（吴江人）、李鸿藻（高阳人）两派，形成了南北官僚集团的对抗。李鸿藻是顽固派，和李鸿章也是敌对的。后来一些新进人物，如张之洞、张佩纶、邓承修、陈宝琛、边宝泉等却拥他为首领，这样产生了所谓“清流派”，所以“清流派”实际上就是顽固派。顽固派和洋务派对立。洋务派的首领李鸿章在外，恭亲王在内部主张对侵略者妥协投降。沈桂芬和他们看法是一致的。例如一八八〇年对于西北问题，他和李鸿章联合反对左宗棠。沈桂芬死后，李鸿藻和“清流派”得势。同时恭亲王离开总署。中法战争中李鸿藻系的“清流派”受到打击。不久翁同龢派兴起，即所谓第二次“清流派”，而和洋务派对抗。但第二次“清流派”主要是南方人（张

謇、文廷式等），和李鸿藻的北派又闹对立，同时翁还是光绪帝师傅，就成为帝党领袖，和后党（李鸿章、张之洞等）又对立。

结果这些派别间的矛盾和分裂现象，集中表现在帝后之争上。帝后之争的重要性也就在此，因为他们的斗争，不仅是光绪帝和慈禧太后两人之间的斗争，而是反映了清廷统治集团中各个派别间的矛盾。中日战争前统治集团中的明争暗斗，是封建政权日趋买办化必然发生的现象。这样的政府当然不可能真正地领导反侵略的战争，而结果必趋于妥协投降。

中日战争的过程

我们先谈一谈日本和英美资本主义勾结侵略朝鲜及李鸿章、袁世凯等统治集团的态度和活动。

从十九世纪七十年代起，世界资本主义发展得十分迅速，从自由资本主义逐步转化到帝国主义。所以甲午战争之前的这个时期，也就是帝国主义的前夕。帝国主义的特征主要就是输出资本，银行资本和工业资本逐渐结合，工厂企业也逐渐集中，向独占和垄断发展。侵略性加强，就要求霸占殖民地。从七十年代开始，美国就支持日本，侵入我国沿海的国土台湾，又侵及琉球和朝鲜。一八七五年日本开始向朝鲜侵略，二十年的时间，朝鲜就成了日本的商品市场。但这不能满足日本的侵略要求。同时，从八十年代开始，英、美、德等国势力也都向朝鲜发展，朝鲜同时也就成了他们的市场。

有关于朝鲜的交涉事宜，在中国主要是由北洋大臣李鸿章来处理的。当时的清朝统治阶层和军阀，当然不可能和朝鲜的统治者共同来防御外国资本主义的侵入。特别是袁世凯，他甚至想利用朝鲜问题来扩张自己的势力，提高自己的地位。显然他也不可能给朝鲜任何帮助。事实上正相反，这些买办军阀都在另搞一套，实际上是在为英、美等资本主义的侵略事业服务，像李鸿章办的招商局就常常替英、美等国往朝鲜运输商品。

这个时期，国际间的矛盾发展得非常尖锐，东方已成为帝国主义争夺中的焦点，朝鲜问题也就愈来愈复杂。主要的是日本的势力，但是其他国家也都想把自己的势力伸张进去。如英国和沙俄的竞争，美国则是想利用日本开路进入朝鲜，德国和法国也都想找机会进去。就在此时，李鸿章提出“以夷制夷”的政策，实际上他并不是想利用侵略势力之间的矛盾来保护朝鲜，而是全面妥协。这也是英国所怂恿的政策。从一八八五年到甲午战争以前，代表李鸿章在朝鲜的就是袁世凯。袁世凯也是一个大野心家，他奉行李鸿章的政策，同时掺杂了很多自己的打算。一八八五年李鸿章和日本签订了《天津条约》（对日妥协）以后，袁世凯就在朝鲜推行自己的一套办法，在军事、经济上各方面来扩张自己的势力，朝鲜的情况就愈来愈坏。在这个时期，日本早就要想吞并朝鲜，但是伊藤博文认为日本的力量还不够，需要再过一个时期。他认为要打败北洋军阀是比较容易的，但是要想独占朝鲜，力量却不够，并且，打就要把北洋军阀彻底消灭。所以在此以后十年内，日本就加紧准备，扩充海陆军，特别是一八九〇年以后准备更加紧张了，而与此同时北洋海军则完全停顿。袁世凯不断发出狂妄的议论，说要变朝鲜为中国的郡县。美国此时在朝鲜也想尽办法帮助日本准备，支持日本对朝鲜的侵略。

李鸿章通过英人赫德把持的中国海关系统，派了许多外国顾问到朝鲜，这些洋顾问到了朝鲜以后却都在行动上破坏朝鲜和中国的关系，而企图影响朝鲜的统治集团，使其倾向于英、日和美国的侵略势力。赫德企图把朝鲜海关行政隶属于英国人把持的中国海关行政。

这些年来朝鲜的情况非常复杂，由于外国资本主义的侵略，加上国内外反动政府的统治和压迫，内忧外患，朝鲜人民非常痛苦，就爆发了东学党起

义。这是人民自发的反帝反封建的革命斗争，但是没有成功。东学党起义的时候，朝鲜统治者曾经请清政府出兵镇压，清军到达朝鲜时，东学党事实上已经失败了。但日本利用机会出兵侵略朝鲜，于是中日战争发生了。

我们还要看看中日战争以前李鸿章的态度。

在东学党起义的时候，中国本来是不愿意出兵的，李鸿章的态度一直是不愿意打。而日本却一直在按兵待发，同时也希望李鸿章出兵，因为这是自己出兵的一个借口（《天津条约》中规定中日可同时出兵）。在出兵以前，在朝鲜的日本公使曾经鼓励袁世凯说“你们可以出兵，我们不出”，并且问袁世凯中国为什么不出兵。袁世凯就把这些话报告了李鸿章，李鸿章这才派了叶志超、聂士成等带兵二千余人至牙山。日本得到这消息后，马上大举出兵，同时和李鸿章交涉。这时，李鸿章既不敢增兵，也不能撤兵，就一味地希望别国出面干涉。他主要依靠沙俄前任公使喀西尼，喀西尼开始很有把握地保证一定打不起来，日本只要一用压力就不敢打了。但是，沙俄驻日本的公使不同意喀西尼的看法，他认为俄国不必管这件事。事实上，这时候的日本也并不是几句空话就吓得倒的。最后喀西尼就告诉李鸿章沙俄不管了。在这过程中，李鸿章一味观望，而日本却不断地加紧准备战争，陆军没有准备好，海军就先出发以海军陆战队进入汉城，这样在战争的开始，中国在军事上就落了后。战争开始以后才想增援，但是已经来不及了。

战争一爆发，北洋军阀战无不败。

一八九四年七月二十五日，日本不宣而战，击沉了牙山附近海面的中国输送援兵的商船“高升号”，这是战争的开始。当时李鸿章以高价雇了英国商船，渡兵入朝，并有两兵舰护送，但日本先发制人，仍然将它们击沉，保护的兵舰也跑了。

二十七日，日本进攻牙山叶志超、聂士成的军队。聂士成还抵抗了一阵，但由于兵少失败了；叶志超却不战而退，弃汉城直退平壤，并绕路而行，一个多月绕到平壤。八月一日，中日两方才正式宣战，但这还是北京政府的决定，李鸿章就在这个时候也仍然企图他国出面干涉而不愿意打，主张日本、中国和沙俄共管朝鲜。而日本却在继续不断增兵朝鲜。李鸿章的援兵出发得很慢，并且只有一万人左右，由卫汝贵、马玉昆带领一部分由大东沟入朝，另有左宝贵、丰绅阿由东北带兵渡江入朝，陆续至平壤会齐。援兵中大部是淮军，战斗力很差，纪律很坏。只有左宝贵的部队战斗力还强，纪律也好。援兵入朝时，朝鲜人民表示热烈的欢迎，但是军阀的兵士（除了左宝贵的以外）却严重地骚扰了朝鲜人民。

援兵至平壤，由叶志超任总指

挥，但将领之间并不团结。叶志超也一心不想作战。九月十四日，日兵至平壤，叶志超就想逃跑，但左宝贵不让他逃跑，并亲自带兵死守北城玄武门山顶。战斗至十五日，左宝贵战死。左死后日军尚不敢入城，但就在这时叶志超却带着其他将领逃跑了！平壤城中兵饷很多，可以说是北洋的主力，就这样轻易地放弃了。

正在这时，李鸿章十年来所准备的海军也被歼灭了。海战是从十七日开始打的，当时海军是由丁汝昌、汉纳根带领的。因运兵去援救平壤，在黄海大东沟即遇日船。北洋海军的行动，早就由美国供给了日本情报，所以日本早就知道了北洋海军的行动。同时北洋海军的训练和准备都非常不够，但也不是完全不能打。当时海军的一般将士，特别是低级的将士作战的意志仍很高。中日双方接触后，丁汝昌不会指挥，汉纳根出身陆军，海战毫无经验，匆匆忙忙就布了阵，因为传错了命令临时又改，阵势大乱，仓促应战就被日本钻了空子，结果中国损失很大。在战争中，邓世昌、林永升等将领都英勇地牺牲了。

这次战争以后，李鸿章就不准海军再参加战争，因为他认为北洋海军是他自己的政治资本，主张将船队留在威海卫不出动，说这是“猛虎在山”的形势。其结果，就使海面完全由日本控制，而北洋海军最后也被日舰队包围全部歼灭。

平壤一战和大东沟海战败北后，李鸿章决定求和。这时美国已经取得日本的谅解来操纵中日谈判，借以显示自己地位重要而提高自己的地位。由于美国居中通消息，清廷即派李鸿章顾问德璀琳去日本探听条件，日本告诉他可以和，但是要派重要的人来。此时又有九连城的溃败，日本武装已深入中国的边境，并逐渐逼迫中国东北，又另调一支军队至旅顺后边登陆，很快地在十一月，旅大就相继失守。这就是李鸿章十余年来花费了很大本钱所经营的东西！旅大陷落后，日本强盗在城内开始残酷的大屠杀。

清廷派张荫桓、邵友濂出使日本议和，但此时日本并不愿意讲和，因为他们看得很清楚，威海卫的舰队已成为他们的囊中物，并且日本军人还想侵占东北。这些随手可得的东西他们当然不愿意放弃。同时也嫌张荫桓等官职太小不能决定大事，就在广岛拒绝了他们——这就是所谓“广岛拒使”事件。

在张荫桓等去日本时，清政府曾请了一个美国人科士达做顾问。科士达从美国来日本，行前，美国资本家都嘱咐他在中国代表他们寻取利益。科到日本后，日本外务省也有一美国顾问叫端迪臣，这两人时常接触，什么问题都互相谈。日本指定要李鸿章、恭亲王二人之一来，才能谈判。

日本接着便加紧战争，进攻威海卫，丁汝昌奉李鸿章命令保护船只，日本陆军抄后路入威海卫，就使北洋海军进退无路，陷入包围。有很多将士要求冲出去，但是丁汝昌不答应。有一部分将士则要求投降，船上的洋顾问也多主张投降，然而丁汝昌也不同意。最后丁汝昌被迫自杀，北洋海军就在这些洋顾问的操纵下全部投降。海军将士中有着很多的英勇事迹，坚决抵抗而死的也不少。但是由于高级将领的投降主义和他们的派别之争，终于全部覆灭了。

这时海陆军全部完了。“清流派”首领翁同龢等人要置李鸿章于死地，而慈禧太后却保护着他，李鸿章则保护淮系的几个将领。慈禧太后就给了李鸿章一个任务，让他负责结束战争——投降。

但是另一面，中国除了淮军还有湘军，翁同龢也希望湘军出来代替淮军。亲近湘系的官僚吴大澂，就自告奋勇带兵由湖南出来，清廷调两江总督刘坤一北上统率山海关内外军队。这时各地部队调来很多，有六万多人，但是一般地说都不能打仗，没有训练，也缺乏武器。军队中也参差不齐，有老头也有小孩。其中仅有宋庆的“毅军”比较能打。接触战斗后在牛庄、田庄台二战中也都失败，求和派又抬头。清廷就决定派李鸿章去马关求和。李鸿章于出行前，要求至北京见帝、后，取得割让土地的全权以后，才出使日本。随行者有美国顾问科士达和留美学生伍廷芳等。

李到马关后，中日双方开始谈判。交涉的经过，在陆奥宗光的回忆录中记载得很清楚。日本先不肯把条约的全部说出来，要李鸿章答应一条再说一条，日本说他全部都说出来各国就知道了，对日方不利。同时李鸿章提出停战，对方也不同意。直到后来发生了意外：李鸿章被日本浪人行刺受伤。侵略者和投降派都说，日本因李鸿章受伤心中非常不安而即予以优待，日本的皇后还亲自给他做慰问品，日本已将全部条约告诉了李鸿章，并且无条件地停战。事实上并非如此，日本同意停战，然而期限很紧，要李鸿章在很短时间内答复，否则即派兵进攻北京。日本实际并无让步。另外，日本公开全部条约也是经过考虑的，认为其中许多条件，如在中国大陆建工厂等对其他资本主义国家都是有利的，所以就不怕其他国家的干涉了。四月十七日，《马关条约》正式签订。

这时，清政府才知道要割这么大一块土地，并且要赔这样多的钱。全国人民情绪异常激昂，一部分官僚也主张抵抗，不肯接受条约。但是美英资本主义国家都出来说话，要清政府不再抵抗，清政府也就屈服了。

《马关条约》的签订，是从《南京条约》以来划时代的卖国条约。从这以后，开始了帝国主义侵略的新阶段。

中日之战是带有帝国主义性质的侵略战争，虽然这时日本本身还没有发展成帝国主义，但这个战争发生的条件和时期决定了它是这样的战争，因为这个战争是帝国主义所同意、所支持的，其结果也是对帝国主义有利的。像大陆可以由他们来开设工厂等等，就更进一步地向中国侵入，甚至划分势力范围准备瓜分中国。

最后谈一谈台湾的抗战。面临着民族空前的危机，在中法战争时中国人民觉悟已经有所提高，中日战争以后反抗得就更厉害了，各地的反抗运动更是蓬勃发展。割让台湾引起了台湾人民的反抗。台湾的反抗可以分为两方面来谈：一方面在台北是台湾的士绅要求反抗，他们拥护台湾巡抚唐景崧为独立民主国的总统。但是唐景崧并不积极反抗，他的起义是被迫的，因此没有做几天总统，一看情况不对就逃回大陆去了，台北不久也就失陷。

另一方面由刘永福领导在台南的抵抗，这是真正的抵抗，也是代表了台湾人民意志的抵抗。当时台湾的精华都在台北，台南经济情况很差。台北沦陷以后，条件就更不好了，当地买办商人不愿出力出粮，而直想往大陆跑。因此，台南的战争非常艰苦，而刘永福就在这样的情况下坚持抗战，获得了大陆人民的无限同情，也给了大家很大鼓舞。所以当时就流传了很多关于这位刘大将军的通俗读物，如《台战实纪》就是当时在大陆编的宣传品（这不是事后写的演义，而是当时凭想象写成的战报）。当时事实上不可能得到很真实的消息，就依赖人民的想象来搞，在宣传上起了很大的作用。

人民是这样的情况，但再来看一看当时的统治阶级是抱着什么态度。投降派不用说当然反对，并且禁止人民援助。就连曾经同情他们的张之洞也没有给他们什么具体的援助，只是口头上鼓励他们“胜则为郑成功，败则为田横”。因此刘永福的处境非常困难，弹尽粮绝，无法支持，逃回大陆。

中日战争以台湾人民抵抗的失败而结束。中国近代史进入了一个新的时期：帝国主义侵略开始，中国人民的灾难加深了。统治阶级的对外抵抗，成为不可能的事实，人民接受中法战争、中日战争的两次教训，而准备在救亡的目标下，奋起御侮了。

（一九五四年六月在中国文联举办的中国近代史讲座的讲稿）

出版说明

“新编历史小丛书”承自20世纪60年代吴晗策划的“中国历史小丛书”，其中不少名家名作是已经垂之经典的作品，一些措辞亦有写作伊初的时代特征。为了保持其原有版本风貌，再版过程中不做现代汉语的规范化统一。读者阅读时亦可从中体会到语言变化的规律。

新编历史小丛书编委会

图书在版编目（CIP）数据

中日战争 / 邵循正著．— 北京：北京人民出版社，2020.10

（新编历史小丛书）

ISBN 978-7-5300-0497-5

Ⅰ. ①中… Ⅱ. ①邵… Ⅲ. ①中日甲午战争—史料 Ⅳ. ① K256.306

中国版本图书馆 CIP 数据核字（2020）第 071242 号

责任编辑　魏晋茹
责任印制　燕雨萌

新编历史小丛书

中日战争

ZHONGRI ZHANZHENG

邵循正 著

出　　版　北京出版集团
　　　　　北京人民出版社
地　　址　北京北三环中路 6 号
邮　　编　100120
网　　址　www.bph.com.cn
总 发 行　北京出版集团
印　　刷　北京汇瑞嘉合文化发展有限公司
经　　销　新华书店
开　　本　880 毫米 ×1230 毫米　1/32
印　　张　2
字　　数　16.32 千字
版　　次　2020 年 10 月第 1 版
印　　次　2022 年11月第 3 次印刷
书　　号　ISBN 978-7-5300-0497-5
定　　价　18.00 元